AF562450

0c
1639

RELATION
DES FÊTES FRANÇOISES,
DONNÉES À MADRID
À L'OCCASION DE L'HEUREUX AVÉNEMENT AU TRÔNE,
ET
DU JOUR DE LA NAISSANCE DE SA MAJESTÉ.

PRÉSENTÉE

À SON ALTESSE ROYALE
MONSEIGNEUR L'INFANT
DON LOÜIS DE BOURBON,
FRÉRE DU ROI.

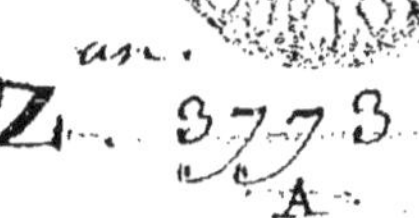

Avec Permission: a Madrid, de l'Imprimerie de Mr. Gabriel Ramirez, ruë d'Atocha, vis-a-vis les Trinitaires.
Année 1760.

A SON ALTESSE ROYALE, MONSEIGNEUR L'INFANT DON LOÜIS DE BOURBON, FRÉRE DU ROI.

MONSEIGNEUR.

Omme l'auguste objet de ces Fêtes est également celui de vôtre amour, la rélation qu'on en donne ici ne peut que trouver un Mécéne favorable en la persone de vôtre Altesse Royale.

Tous les coeurs François sont pénétrez des plus vifs sentiments de zele & de vénération pour sa Majesté; mais un juste discernement, Monseigneur, vous fera jetter un oëil de distinction sur une portion d'entre eux, qui n'ont pù se satisfaire pleinement eux mémes qu'en rendant publics ces mémes sen-

sentiments ; ils les ont fait éclater sur un Théâtre particulier aux yeux des plus illustres témoins ; et c'est là que le desir d'en manifester toute l'ardeur, a, pour ainsi dire, fait éclore en eux des talens que leur état leur avoit laissé ignorer jusqu'alors. On leur a applaudi : leur plus douce ambition seroit combleé, si vôtre Altesse Royale (dont l'esprit cultivé par les plus belles connoissances donne aux choses leur juste prix) autorisoit de son suffrage celui de leur spectateur ; ils n'oseroient absolument s'en flater ; mais ils joüiront, en quelque sorte, de ce glorieux avantage, si elle daigne avoüer seulement les efforts qu'ils ont fait pour le mériter.

RE-

RELATION
DES FÊTES FRANÇOISES, &c.

LE même jour qu'on apprit à Madrid l'heureuse arrivée du Roi dans ses Etats ; quelques François, voulant faire éclater leur zéle particulier pour la personne du Monarque, se proposerent de donner une fête, qui marquàt, de leur part, son glorieux avénement au Trône ; ce fût de répésenter une Tragèdie & une Comédie Françoises dans une sale particuliére, ou leurs amis Espagnols & François seroient également admis: L'idée parût d'autant meilleure, que la chose êtoit plus rare: on se reünit dans l'endroit assignè ; on designa pout cette réprésentation la Tragédie de *Zaire*, & une petite piéce: La politesse, & le discernement présiderent á la distribution des rôles: on apprit par coeur ; & l'on étoit á faire les premiers essais, lorsqu'un Citoyen de Madrid, * également distingué par la naissance, le bon goût & la culture des sciences, prèsent alors á une des épreuves, crût s'appercevoir que le lieu êtoit

* Mr. Paul OLAVIDE, Chevalier de l'Ordre Militaire de Saint Jacques, &c.

trop borné pour la célébrité de la Fête ; il proposa de faire élever á ses frais dans sa propre maison un Théâtre commode, & désigna à cet effet une de ses sales d'une plus vaste étendüe : la proposition fût reçüe avec applaudissemens, & en acquiessant aux offres du généreux Espagnol, on admira également & son zéle, & son désintéressement ; l'admiration s'accrût bien d'avantage lorsque l'on vit en peu de jours ce Théâtre dresśé, cette sale décorée avec autant de goût que de célérité.

On aśsigna pour la répréśentation le second jour, aprez l'entrée de sa Majesté dans sa Capitale. Tout ce qu'il y a, de plus distingué á la Cour & á la Ville marqua son empressement á s'y trouver ; on devoit être en effet curieux de voir pour la prémiére fois à Madrid un Théâtre consacré aux Muses de Paris ; mais ce concours eût sans doute son principal motif dans l'amour des coeurs pour le Monarque, à qui ces nouvelles Muses offroient les prémices de leurs talens.

Une symphonie brillante annonça la prémiére ouverture du Théâtre qui se fit par les vers suivans, que l'Actrice, qui devoit répréśenter *Zaire*, récita avec beaucoup de graces.

Tan-

Tandis que dans ces lieux tout ſe livre à la joye,
Qu' inſpire le bonheur que le Ciel leur envoye :
Que Madrid dans ſes murs, pour la prémiére fois,
Reçoit le meilleur de ſes Rois :
Nous, qui de ſes bienfaits partageons l' avantage,
Nous, François, qui vivons ſous ſes aimables loix,
Lui refuſerions nous un lègitime hommage ?
Non ; ſur nos coeurs ſes droits ſont ſouverains :
Ou régnent les BOURBONS, *c'eſt lá nôtre Patrie :*
Et, graces aux heureux deſtins,
Les Monts ne forment plus la barriére ennemie,
Qui ſéparoit jadis la France & l'Iberie.

Oüi, Citoyens amis, Eſpagnols & François,
Dont la préſence illuſtre honore ces eſſais,
Dans les foibles accens de nôtre voix timide
Reconnoiſſez le zéle & l'amour qui nous guide ;
A nos ſoins empreſſez vous devez vous préter :
C' eſt CHARLES, *qu' à vos yeux ils vont répréſenter :*
Tant de traits de vertus, qu' ici chacun admire,
Se trouvent partagez aux Héros de Zaire ;
Mais, avec tout l' èclat qui rélève leur prix,
CHARLES, *dans ſon grand coeur les a tous reünis.*

Daigne du Tout-puiſſant la faveur deſirée.

Nous

Nous conserver long tems ce plus cher de nos biens :
Que de nos jours le Ciel abrège la durée.
Pour augmenter celle des siens.

Mere auguste, Epouse adorée,
Et vous, Infans cheris, tous nos voeux vous sont dús:
Que dans son sein l'Espagne, au plus beau sort livrée,
Voye à jamais germer le fruit de vos vertus.
Que vôtre sang enfin, Race en Hèros fèconde,
D'âge en âge porté sur cent Thrônes divers,
Puisse faire à jamais, dans une paix profonde,
Les Délices de L'Univers.

La Tragedie de *Zaire* suivit de prés le récit de ces vers ; on rendit cette piéce d'une maniére, qui parût avoir satisfait l'assemblée ; mais les Acteurs ont dú croire, qu'on applaudissoit plus à leur bonne volonté, qu'a un succes réel.

Aprez cette Tragédie, on donna pout petite pièce. La Comèdie d'*Attendez moi sous l'Orme*. Les dances qui accompagnent dans cette Comédie les nôces de *Colin*, & d'*Agathe* fûrent bien exécutées: deux voix chanterent alternativement les couplets suivans, dont le prémier êtoit repris en son lieu par le Choeur.

Pré-

Prémiére voix.

Chantons, que nôtre ſort eſt doux !
En eſt il un égal au monde ?
Chantons, que nôtre ſort eſt doux !
CHARLES *regne & veille ſur nous.*

Choeur.

Chantons , &c.

Seconde voix.

Qu'en lui nôtre bonheur ſe fonde :
Roi, Pere, Ami de ſes ſujets,
Qu'à la grandeur de ſes bienfaits
L'excez de nôtre amour réponde.

Choeur.

Chantons , &c.

Prémiére voix.

Vous, qui daignez de nos jeux, de nos ſoins
Dans ce beau jour étre icy les témoins :
Si nos deſirs
Par vos plaiſirs,
Dans ces eſſais
Sont ſatisfaits;
Nous triomphons, nôtre gloire eſt parfaite.

Ranimons nous; rions, chantons:
Que rien ne manque á nótre fête.
Ranimons nous; rions, chantons;
Mélons la dance à nos chansons.

Le Choeur.

Ranimons nous, &c.

Ces airs furent suivis d'un second ballet; aprés lequel, deux Actrices, l'une répréfentant l'Espagne, l'autre, la France, chanterent les deux couplets qui suivent, au son d'une brillante symphonie.

Prèmiére chanteuse.

Les droits, CHARLES, de ton Empire
En cent climats sont rèconnus;
Et, partout, on aime, on admire
Et ta personne, & tes vertus.
L'un & l'autre monde,
Sur la terre & l'onde,
Tout á l'envy crie à la fois:
Vive le Roi.
Vive le Roi.

Seconde chanteuse.

Tandis que la noble Ibérie

A longs traits goûte son bonheur:
Nous François, Nation amie,
Nous en partageons la douceur:
Même noeud nous lie,
Et tout nous convie
A reünir ici nos voix:
Vive le Roi.
Vive le Roi.

C'est par ces cris de joye, que toute l'illustre Assemblée, joignant sa voix à celle des Acteurs, & au bruit d'une harmonie guerriére, termina avec eux cette prémiére fête.

Le spectacle de la Tragédie de *Zaire* & de la petite Comédie fût réitéré encore deux fois avec un égal concours: mais une nouvelle circonstance donna lieu á de nouveaux témoignages de l'amour et du zèle des François pour la personne sacrée de sa Majesté; ce fût le jour de sa Naissance. On se disposa à donner la Tragèdie de *Mèrope*, & la petite Comèdie en un acte du *Retour imprèvú*, acompagnée de ballets,& de chants: on en fit l'ouverture par les vers suivans qu'un des Acteurs prononça.

Pere fécond de la lumiére,
Soleil, qui vois sans cesse, en suivant ta carriére,
De l' Empire Espagnol les Domaines divers ;
Vole ; apprens à tout l' Univers :
Que ce jour, consacré par la réjoüissance,
Rapelle à ses yeux l' heureux jour
Qu' immortalise la Naissance
D'un Roi l' objet de son amour.

Peins les voeux empressez de la Famille Auguste ;
Les transports éclatans d'une superbe cour
Pour un Prince si bon, si gènèreux, si juste,
Pere d' un peuple aimé, qui l'adore à son tour.

Dis que, pour lui toujours épris d'un méme zele,
Du fidelle Madrid des Citoyens François,
Ardens emulateurs de ses propres sujets,
Ont marqué de ce jour l' Epoque solennelle :
Que, pour désigner CHARLE *&* *l'Auguste* ISABELLE,
Ils ont voulu tracer dans les Hèros choisis
De leur nouvelle Tragèdie,
Dans Egiste, *&* Mèrope, *une image accomplie*
De la plus tendre Mere, & du plus digne Fils.

En fin, brillant soleil, en rèvoyant la France,

Dis

Dis aux heureux ſujets d'un Roi, nommè de tous
Le BIEN-AIMÈ, *par excellence,*
Que nous ne ſommes point de leur bonheur jaloux:
Et que CHARLE, *en ces lieux comblant nôtre eſperance,*
Eſt un autre LOUIS *pour nous.*

La répréſentation de cette Tragèdie eût des applaudiſſements: elle eſt pleine de grands coups de Théâtre, qui en rendent l'èxècution difficile, ſur tout á ceux, pour qui un pareil éxercice eſt tout à fait étranger; mais, que n'oſe-t-on pas; que ne peut-on pas même, quand on eſt engagé par des motifs auſsi puiſſans que ceux qui ont animé ces coeurs François ?

La petite Comédie du *Retour imprévú* fut reçüe avec un égal applaudiſſement ; ſans doute qu'on le dût à la ſurpriſe de voir les mêmes Acteurs faire également honneur au *Brodequin* & au *Cothurne.*

Ce ſpectacle auroit dù être le dernier, & terminer les Fêtes avec les grands objets qui leur avoient donné lieu : mais on en a demandé la continüation ; & les Acteurs ont crú devoir à la réconnoiſſance pour leur favorable ſpectateur, ce que leur zéle pour l'auguſte Monarque avoit d'abord exigé d'eux.

Pen-

Pendant, & aprez ces differens ſpectacles, chacun à été libre d'aller prendre, ou, de ſe faire apporter des rafraichiſſemens de toute eſpèce, étalez ſur de riches buffets, & diſtribuez par des domeſtiques, inſtruits par leur Maitre á éxécuter avec empreſſement ce que ſa gènéroſité prodigue, & ſa politeſſe prévénante leur avoient preſcrit de faire.

On ajoute ici un Dialogue, récité après la derniére réprèſentation de *Mèrope*, & du *Retour imprèvú*, par quatre Divinitez du Parnaſſe; des circonſtances inattendües y ont ſur tout donné lieu. Que prètendent ces François? (ont dit certains cenſeurs) Eh, quoy? Pour manifeſtér au Monarque leur zéle & leur reſpect, n'avoient ils d'autre moyen a choiſir que de monter ſur un Thèâtre & s'y donner en ſpectacle? Ne devoient ils pas conſiderer qu'un pareil èxercice porte avec ſoy quelque choſe de honteux; & que le dècri où il eſt tombè le rend incompatible avec les vèritables ſentimens d'honneur, &c... Cette critique, priſe en gènèral, eſt fauſſe; & dans l'application qu'on en fait icy, elle eſt injuſte & dèraiſonable; ce Dialogue en fournira la preuve; & ſervira d'apologie à ceux qu'on à pretendù cenſurer.

DIA-

DIALOGUE.

Entre quatre Divinitez du Parnaſſe.

Apollon. . . . . *Dieu de la Poëſie.*
Melpoméne. . . . . *Muſe de la Tragèdie.*
Thalie. . . . . *Muſe de la Comèdie.*
Momus. . . . . *Dieu de la raillerie.*

APOLLON.

Vos diſputes, Meſdames, ſur la prééminence de vos talens ont ſouvent agité le Parnaſſe ; je ne ſaurois trop loüer aujourd'hui la ſage harmonie qui regne entre vous : une belle émulation l'anime ; une injuſte jalouſie ne l'altére point.

MELPOMENE.

Et dequoy en effet ſerois-je jalouſe ? Des folies de Thalie, moi qui ne veux que le ſerieux ?

THALIE.

Le ſerai-je des pleurs éternels de Melpoméne, moi qui n'aime qu'a rire ?

MEL-

MELPOMENE.

Mes pleurs ſont doux ; ils flatent le coeur par les nobles mouvemens qui les font naitre.

THALIE.

Mes ris ſont gratieux ; ils plaiſent à l'eſprit par les agrèables ſaillies qui les cauſent.

MELPOMENE.

J' éléve les ſentimens par le ſublime.

THALIE.

Je corrige les moeurs par le ridicule.

MELPOMENE.

Les Héros ſe forment á mon Ecole.

THALIE.

Les Sots ſe réforment à la mienne.

APOLLON.

Et par lá vos avantages ſont à peu prèz ègaux. Vôtre but génèral eſt de plaire & d'inſtruire ; vous y arrivez par differens chemins, & le goût du ſpectateur, qui aime la variètè, ſe trouve flaté d'autant plus agrèablement, que vous ne lui laiſſez rien à dèſirer : il admire le *Tragique* ; le *Comique* le divertit ; le *Beau*, l'enléve ; le *Joli*, l'enchante : ainſi les talens reſpectifs qui vous caracteriſent, produiſent chacun leurs effects, & les èloges qu'on donne aux uns ne peuvent rien ôter au mèrite des autres.

MELPOMENE.

Vous nous faites tort, Seigneur Apollon, lors même que vous prétendes nous loüer : nos talens ne ſont pas bornez à une telle ſphére, que nous ne ſachions les porter au dela ; &....

MOMUS.

Eh, oüi ; vantez vous-en, Meſdames : la maſcarade à été complére ; & on aura ſans doute été ravi de voir l'illuſtre & dolente doüairiere d'un Roy de *Mècènes* devenir en un inſtant la fauſſe & faſcetieuſe Veuve d'un Bourgeois de *Poitiers* ; & le vaſte *Tontillo* de la confidente d'une Reine, céder la place au *Pet-en-l'air* mutilé d'une *ſoubrète*.

THALIE.

Plus les caractères ètoient differens, plus nous ſom-

ſommes loüables d'avoir ſú les ſaiſir & les rendre avec avantage.

MOMUS.

Je veux croire que vous avez pú reuſſir ; mais je voudrois bien que vous ne le fiſſiez pas ſonner ſi haut vous mémes.

APOLLON.

Vous prenez, Momus, pour orgüeil ce qui n'eſt au fonds que politeſſe : vous ètoit-il bien difficile d'appercevoir que ces Dames s'ètant prêtées mutuellement leurs talens, elles ſe félicitent avec ſincérité du ſuccez qu'a eù cet agrèable commerce : y a-t'il lá quelque choſe qui puiſſe donner priſe à vos traits railleurs & mordans ?

MOMUS.

Lá, lá ; nous ſavons bien au fonds à quoy nous-en tenir: j'aime a railler, mais c'eſt toujours dans le vray, & je parierois ma *Marote*, que dans les beaux ſentimens que ces Dames affectent ici, le génèreux ſert de maſque au politique.

APOLLON.

Qu'eſt-ce a dire ?

MO-

MOMUS.

C'eſt qu'elles connoiſſent leur foible, & qu'elles ont bien compris, que ſi elles ètaloient ſéparément tout l'èclat des talens qui leurs ſont propres, elles donneroient entrée à la jalouſie; pour éviter cet inconvenient, elles les ont confondús; *Thalie* eſt devenüe *Melpomene*, & *Melpomene*, *Thalie* ſans conſéquence; & par là elles ſe ſont miſes dans la néceſſité d'être unies.

APOLLON.

En tout cas, ce ſeroient là des traits d'une prudence loüable; mais vôtre malignité leur donne un tour étranger, & l'on diroit que vous jugés de ces Dames, comme de ces *Melpomènes*, de ces *Thalies* mercénaires & à gage, faites uniquement pour amuſer le public, & reſponſables à ſon Tribunal de leurs talens, & de leurs ſuccez : la difference eſt ici totale; on s'y divertit, & l'on ſouhaite d'y divertir les autres; cette double ſatiſfaction rempliroit, il eſt-tray, leurs deſirs : on eſt ſûr du prèmier cas; &, ſi on ne reuſſit pas dans le ſecond, on n'a eú qu'un plaiſir de moins.

MOMUS.

Et l'on s'en conſole........ en enrageant.

APO-

APOLLON.

Il eſt vray qu'alors on n'aura atteint qu'une partie de ſon but : mais, vous n'aurez pas ſans doute, ſeigneur Momus, la fatuité de penſer, encore moins de croire;que ces Acteurs volontaires des exercices du Parnaſſe, faſſent conſiſter ni leur gloire, ni leur fortune a briller ſur la Scene ; leur êtat eſt parfaitement indépendant d'un pareil objet ; il eſt icy paſſager pour eux ; il eſt de leur choix & chacun fait valoir de ſon mieux ſur un Théâtre particulier, & dans une aſſemblée choiſie, des talens qu'un honnête loiſir avoit d'abord uniquement rèſerves pour la chambre.

MOMUS.

Vous avez raiſon, ſeigneur Apollon, de ne pas m'attribüer de pareílles façons de penſer ; je ſai médire finement, mais j'ignore l'art de la Calomnie : & tout Momus que je ſuis, je me garderay bien de porter la malignité au point de prétendre faire réjaillir ſur vous, Meſdames & ſur vos Amis, la tâche, que l'abbus qu'on fait ſouvent des meilleures choſes,a jetté en bien des endroits ſur les Thèâtres publics ; & pour vous montrer que mon coeur n'a point eù de part aux

peti-

petites chicanes que je vous ai faites, je me joins volontiers á ceux dont le juste discernement à favorisé vos talens de leur suffrages : ils aiment le *Beau*, ils le cherchent ; & le faire briller à leurs yeux, c'est mériter leur approbation & se rendre digne de leur estime. Je diray plus (& ma raisonnable façon de penser y gagnera en le disant) que j'approuve sur tout dans des Acteurs, cet esprit d'indépendance, & de choix, qui, en donnant toute liberté aux talens, en assûre le succez ; & je ne saurois trop applaudir aux Nations polies & cultivées, qui ont introduit à l'envy chez elles l'usage des Théâtres particuliers: les seigneurs les plus distinguez par le rang & la naissance, non contens d'en avoir fait dresser de pareils dans leurs propres Palais, se sont faits un plaisir d'y rèprèsenter eux mêmes avec leur familles & leurs amis; jugeant avec raison que cette maniére de se divertir est noble, qu'elle forme les moeurs, perfectionne les talens, & entretient une agréable harmonie dans la Societé civile.

APOLLON.

Le succes qui à accompagné les essais qu' on vient de faire valoir sur ce Théâtre, ne manquera

quera pas de donner, auprès de leurs illuſtres tèmoins, un nouveau poids à un projet, dont l'exècution ſeroit auſsi vtile que raiſonnable.

THALIE.

A tout évènement, le ſeul deſir que nous avons eù de leur plaire, leur aura peut-être tenù lieu de ſatisfaction.

MELPOMENE.

Nous devons le préſumer de leur politeſſe, & de leur gènèroſité.

La Dédicace, la Rélation, les Vers, le Dialogue, &c. ſont de la compoſition

de Mr. PRIVAT DE FONTANILLES,

Ecuyer, de la Ville d'Arles, en Provence.

www.ingramcontent.com/pod-product-compliance
Lightning Source LLC
LaVergne TN
LVHW020257230826
846091LV00006B/2457
9782013378161